À livre ouvert

À livre ouvert

Petit Imparfait

© 2022, Petit Imparfait
Édition : BoD – Books on Demand, info@bod.fr.

couverture : Droledelisa
illustration : Chupi.draw
Impression à la demande
Impression : BoD – Books on Demand, In de
Tarpen 42, Norderstedt (Allemagne)
ISBN : 978-2-3224-6887-4
Dépôt légal : décembre 2022

À elle, qui a le tiers de ma vie,
le tiers de mon âme.

Sommaire

Préface

C'est en octobre 2021 que Petit Imparfait s'essaie à la poésie. De ses débuts à aujourd'hui, il écrit de nombreux poèmes abordant des thèmes variés : l'amour, l'amitié, le manque, bien que l'admiration, l'idéalisation, la retranscription de la beauté, et bien d'autres, restent ses points forts. Ce recueil plonge le lecteur dans la bulle d'un monde comblé de couleurs et de formes. Magnifique sous certains abords, cruel sous d'autres, il est porteur de quelques tristes réalités, telles que « les poètes heureux ne sont plus poètes », ou « ceux qui ont le plus à donner ne sont pas nécessairement ceux qui reçoivent le plus ». Les raisons sont multiples. Obsession, fille éloignée ou absente, amour impossible, amitié brisée, amour à sens unique... C'est cette douleur qui permettra l'inspiration des poèmes de Petit Imparfait.

Le moteur de chacun de ces différents écrits est cependant le même : les émotions. Constamment en proie au désir, à la haine, au manque, à l'espoir, au doute, Petit Imparfait retranscrit avec esthétique et style les émotions qui le rongent, positives comme négatives. Ce recueil traduit principalement l'expression d'un homme qui souffre mais surtout qui admire, qui aime d'un amour inconditionnel.

La plupart des poèmes abordent la description d'une fille à protéger, une déesse, d'une beauté et d'une personnalité magnifique, que Petit Imparfait est un des seuls à voir. Dans les pages suivantes, découvrez les écrits d'un homme désireux à travers la plume du solitaire incompris.

John Breedveld

I
Délire matinal

Rêver de toi, ne pas pouvoir se rendormir,
Penser à toi sans pouvoir s'en retenir,
T'aimer sans fin,
Mais être si loin.

Ton départ est une atrocité, que dis-je, voyons,
Un supplice, une torture, un assassinat,
Je le sens, encore chaud, planté dans ma poitrine.
Sans même un pardon,
Regarder disparaître, ta silhouette divine...
Pourquoi ai-je à supporter cela ?

Dois-je continuer à espérer te retrouver ?
Te voir partout, cligner des yeux, te voir nulle part.
Avoir un semblant d'espoir,
Et une larme glisse sur ma joue. Je pleure.

Un espoir qui ne cesse de me détruire.
Pourquoi porter tant d'amour pour une femme
qui m'a déjà oublié ?
Aimer, aimer ... sans jamais m'arrêter,
Je souffre de toute mon âme, laissez-moi mourir !

Rendez à ce cœur mourant
L'âme de celle qui a fait de moi un homme vivant,
Un soleil jeune et brûlant,
Un soleil vieux et mourant.

Une pensée d'elle se répand dans mon corps
À une vitesse que l'on ne peut imaginer.
Passant de la joie et la bonté,
À la dépression et la mort.

Ici, dans ce poème, brûle la flamme de l'amitié que
j'éprouve pour toi,
Un geste incompris d'une femme que j'admire tant,
Et à qui je porte un amour incomparable.

Las, elle avait cette douceur, qui, autrefois,
Rendait la moindre seconde, plus magnifique
Que la précédente, je l'aime, suis fou d'elle.
Son charme incomparable qui fait rêver.

Laissez-vous transporter par elle,
Elle changera votre destin à jamais.
Moi, tout comme vous, je n'ai pu y résister,
Un regard, une vie, nouvelle.

Cette délicatesse naît de nos déesses,
Ce sourire si sublime, qui nous envoûte,
Belle au matin, belle au coucher, que voulez-vous,
Mon âme, asservie, l'aimera incessamment.

Laissez-moi en paix, entreprendre mon deuil,
Me retrouver seul, perdu, face à son cercueil,
Pleurant, hurlant, désespérant, promettant de
Ne confier cette femme, aux mains de la Camarde,

Voulant la rejoindre délibérément,
Traversant le granit et ce corps, m'empêchant
De succomber à un sommeil intemporel,
M'amènera vers une certaine ruelle

Sombre et invisible de l'œil des humains,
La verra majestueuse, démesurée,
Menant jusqu'au paradis, me tenant la main,
Ma vie, mon être, une déesse cachée,

Cette tombe-ci, qui me fait tant souffrir,
Étranges inscriptions qu'ils sont venus y inscrire
« Mort de chagrin après son départ », tant de peines
Après tout, il s'agit peut-être de la mienne.

Une plus plate douceur
Elle, remplie de stupeur
De son charme incomparable
À sa parole agréable.

Un manteau beige, ayant traversé,
Un peu plus tôt, les mains délicates
De nos hommes les plus fortunés
La valeur désirée immédiate.

La qualité demandée,
Compliqué de l'obtenir
Émeraude, diamant, cuir.
Belle avant tout, trésor et,

Se portant d'une certaine allure ;
Mannequin avec sa sublime taille,
Mince d'un corps, qui n'est que détail,
Grandiose de notre vision pure.

La puissance de l'argent,
Inégale aux bons courants,
Promettant monts et merveilles,
Payant, stoïque, un Soleil.

Ne s'en vantant à aucun moment,
Invisible des premiers instants,
Un simple petit pull vert rêvé
Se fondant dans la pluralité

Elle aime rire de tout,
Aisément de sa personne,
Par peur, d'un choc qui résonne,
L'autre passant avant tout.

Elle avait de ces yeux
Qui me tenaient fixement,
Telle une chaîne sortant du sol
Pour cesser de bouger.

Je me délaisse,
À toutes ces folies,
Tu sauras en sortir,
Que sans aucun bonheur.

Ce n'est qu'un semblant d'espoir
Car, naviguer,
Dans ces eaux abandonnées,
N'est qu'un signe de désespoir.

Elles sont, en plus de tout,
Infestées des pires choses en ce monde,
Je ne saurai les citer,
Et personne ne les connaît vraiment.

Je te supplie du plus profond de mon âme,
De partir loin de moi,
Il arrive un immense supplice,
Que je refuse te faire vivre.

Le précieux trésor obtenu,
À la souffrance et la désolation,
Comble un vide accru,
Immense et foudroyant.

Je ne demande que la paix,
Ton visage me fait rêver,
Peut-être la joie,
Mais pas le bonheur.

Je ne peux que t'observer,
Te toucher serait de la trahison,
Envers l'amour que j'ai pour toi,
Et les promesses faites.

Il est temps que je te quitte,
Toi, ou même ce monde,
La haine m'emporte,
La mort n'est jamais bien loin.

Vivre ta vie heureuse,
Et lâcher ma main décomposée,
Me perdre de vue,
Et toujours avancer.

Ne traîne ici,
Aucun rêve lointain,
Ne sera réalisable,
Par ce que je suis.

Vole mon ange,
Tu es maître de ton destin,
Maître de ton délicieux esprit,
Je suis uniquement, maître de ma mort.

Aujourd'hui, j'ai décidé,
Dans le malheur et la souffrance,
De me déconnecter.

Oui, je l'avoue et je le pense,
Il n'y a rien en ce monde
Qui me motive à rester.

Ici, dans la plus intime
Des incompréhensions cachées,
Je ne vis que dans l'abîme.

Quand le soleil se lèvera à nouveau,
Brillant, orangé et rougeâtre,
Abaissant sa lumière sur cette femme,
Ces traits, luisants sur sa peau nue
Blanche, pâle, vertu de sa nature,
Appréciés par tout passant,
Des regards annonciateurs
De la venue de l'émerveillement.

La nuit glaciale en son bord,
Obscurcissant la claire vision
De la journée éclatante d'avant,
Une nuit sans fin qui me hante,
Journée après journée.

Lumière et douceur vinrent après,
Quand tout fût déterré et achevé,
Espérance, ayant fui cette terreur,
Le dernier jour ne fut d'aucune utilité.

Si ravissante soit-elle,
Si resplendissante soit-elle,
L'éternelle souffrance m'a assassiné,
L'infection se poursuit de plus belle.

Un jour, tu partiras
Et tu comprendras
Pourquoi j'ai fait cela.
Je ne puis te retenir,
Et je n'en ai pas l'intention.
Vous ne parliez pas du sacrifice,
Mais de l'horreur que j'avais pu causer.
Vous ne comprenez absolument rien
Et cela se répète jour et nuit,
À chaque jour de ma propre vie.
Est-ce si compliqué à comprendre ?
Peut-être me fais-je des illusions.
Il serait temps de me parler,
Avec des mots,
Et non des hurlements.

Si longtemps après son départ,
Je ne sais toujours quoi faire.
Je n'envie le désespoir que cela a été
Pour moi,
Qui ne sortait plus que pour survivre.
Nous sommes tous que de pauvres
Sacs de cellules expirables.
Je marche, je cours, je hurle, je fuis.
Peut-être que mon amour inconditionnel
Et que la fragilité et la stupidité humaine,
Ne sont dues qu'à la volonté de se suicider.

Une fois, au bord de la si grande falaise
Il vit son corps proche du malaise
Ses muscles l'avaient brusquement lâché,
Et son souffle aussitôt coupé.

Quelque chose, une blanche lumière,
Venue d'une lointaine prière,
Avait envahi le ciel, et son cœur,
En pillant ses joies et couleurs.

Il l'avait vue mourir de près,
Il pouvait sentir qu'elle souffrait,
Ce n'était le temps que d'une seconde,
Pour que les profondeurs grondent.

Comment pouvait-elle revenir ?
Je me sentais priser et venir,
Aspiré par son feu et ses joies.
J'avançais de trois petits pas.

Car, plus rien ne me laissait la prendre,
Elle partait, à nouveau, pour descendre,
Je ne la verrai que dans la douleur.
Je fus tenté d'avancer l'heure…

Dans la lumière confinée,
De mon sombre cœur passé,
J'y vois pourtant quelques désirs,
Broyés, en train de bouillir.

Il avait ce nul autre charme ;
Qui, pourtant, n'existait pas.
Peut-être était-ce le vacarme,
De l'existence de soi.

Je ne veux pas y retourner,
Ni raviver mes démons.
Je néglige tout désormais,
Ma dernière décision.

Les oiseaux chantonnent au vent,
La petite pluie du léger matin,
Et la brise déposant un souffle d'amour,
Ruisselle sur le toit encore solide

Tel un acide peut-être trop puissant,
Ces précipitations ne gênent,
Que ceux habitant un peu trop en bas,
Dans la pauvre terre, sur Terre.

La brume enveloppait le jardin divin
Elle dort encore en un grand lit,
Bien taillé et majestueux,
Pouvant accueillir le monde entier

Le bruit insoutenable de la pluie,
Qui se jette sur son grand toit,
Venant de mes larmes d'amour
Qu'elle n'entend même pas.

Encore presque cachée par les draps,
Elle n'en est pas moins déjà envoûtante,
Et ne se réveillera pas, enfin,
Pas aujourd'hui, et sûrement pas pour moi.

Peu de couleurs
Au visage distendu,
Je ris et crie comme un acteur
À mes heures perdues.

Je ne suis que colère et rage,
Lorsque je joue mon personnage.

J'hurle, pris par la folie,
Quand la marée cesse d'être ternie.

Un torrent de rires émerge
Alors que les larmes me submergent.

Il me suffit d'une lettre de l'alphabet
Pour que tu paraisses dans de belles pensées
Auxquelles je ne pourrai point me défaire sans
La tombée du voile au clair de lune voyant.

Ton visage est ma plus grande bénédiction.
Au fond, je sais que je pourrai faire attention
À bien m'éloigner, de ce qui me rend très blême.
Ô combien j'ai tenté d'y résister, quand même.

N'est-ce pas cela l'amour à son apogée ?
Souffrance moins que le bonheur, réfléchissez,
Il n'y a rien de si différent entre nous.

Peut-être, seulement, pour celle qui me noue
Au navire qui chavire brutalement,
Puisque, tu n'as pu rester, par accablement.

Je ne sais plus vraiment qui tu es...
Plus vraiment d'où tu viens...
Je ne sais plus où tu es...
Plus où j'en suis...
Ni qui je suis...

Je ne comprends plus vraiment ce qui m'entoure...
Et je tourne en rond, sans m'arrêter...
Je fais des centaines, et des milliers de tours...
Alors que même le premier, me fait déjà dégueuler...

Je ne te supporte plus, ne te vois plus...
Tu fais partie intégrante de ce même univers...
J'ai peur de tout, même de toi, je n'y crois plus...
Je sombre dans un froid furieux d'un éternel hiver...

Je sens mon cœur,
Mes veines, mon sang,
Se dissoudre, fondre en un instant.
Comme une crise qui vient,
Après la douleur d'un instant,
Tout est sans réponse, sans joie.
Alors qu'il me disait de revenir,
De ne rien laisser au hasard,
Et de ne jamais rompre notre lien.
Il daigne accepter ton pardon,
Bien que ta misère me soit tombée
Dessus, et que j'en suis malheureux.

Je sens mon cerveau,
Des signaux électriques sans fin,
S'épuiser et se torturer entre eux.
Dans un passé, un présent ou un futur,
Être délicieux ou moins que minable,
Je pense sans cesse, pour me protéger.
Je survis tant bien que mal, il le faut,
Car c'est dans ce gouffre infernal,
Que naissent des démons dignes des enfers.
C'est ainsi que l'amour me fait fuir,
Non pas que je puisse m'en procurer,
Mais que la peur de mourir me tend.

Il n'y a de plus mesquin pour un corps,
Qu'être divisé entre ses organes vitaux.
Ils t'exposent à des problèmes,
Qu'eux-mêmes ne peuvent démanteler.
Comme partager entre deux Univers,
Comment choisir un destin regrettable ?
Il en va de soi que je ne peux plus me
Réfléchir, me penser, et même me subsister.

Il vint à elle avec l'air sévère ou amusé
Il ou ils, et elle ou elles, sans souvenir
Il tenait mon cou et mon corps se laisse partir.

La rage ne suffit-elle pas à achever,
Le mal aux abords de la sainte et belle femme ?
Un homme ne peut vivre sans protéger son âme

Peut-on exagérer un fait aussi surprenant ?
Certes, régulier, devenant presque naturel
La condamnation pour les torturer mentalement.

Quoiqu'il en coûte, aucune considération pour elles
Je ne lâcherai la moitié, au plaisir d'un curieux
Ivre de son corps, qui n'a point de mérite à ses yeux

Une menace portant un prénom bien commun
Satiné, tranchant, quel triste et cruel instrument !
Destiné à l'asservissement amer de chacun.

Ce n'est le courage et la peur environnant,
Qui étaient perceptibles sur son doux visage ;
L'absence de jugement faisant un ravage
Dans ce vide, et un fort silence voyageant

Elle n'avait, à elle, qu'une infime durée
Durant laquelle, sa pensée s'était brouillée,
Son physique voulait la lâcher, mais courut,
De toute son âme, se doutant qu'ils l'avaient vue

Quand elle fût rentrée au palais en son nom
Le souffle coupé, le cœur hurlant les ténèbres,
La tristesse la submergea, menant au fond
Sa liberté paralysée à ses vertèbres

Un petit geste noble en forme de présent
Qui aurait été fait pour n'importe laquelle ;
Les menacer de tous les supplices existants
N'a fait qu'un peu changer la cible naturelle

La fureur futile ne fait peur à personne
Deux adultes, aux blessures gravement mortelles
Gisent sur le sol, j'eus battu, et frissonnent
L'excuse à son agression non-accidentelle

Tu n'as pas à t'inquiéter, ils les trouveront,
Les emprisonneront, et ils nous vengeront.

Mes muscles se tendent,
Et mon sourire se déchire,
Des coups, bien vite, se vendent
Et la retenue se fait honnir.

J'aime, je hais,
Je me ronge à cette manie ;
Je souffre, je me hante,
De ces pensées foudroyantes.

C'est un grand refus,
Pire que la flamme se décomposant –,
Tout de suite, je me suis tu,
– Et les murs se fracassant.

Je n'ai pas vu mon obsession depuis mercredi,
Et je me sens démuni,
Comme vidé de mon énergie.

À mon humble avis
Mon cœur m'a été pris,
Volé, dérobé, mais je lui ai fourni.

Je balance mes pensées, au rythme de mon cœur grandi
Je voyage en veines, dans ton monde enfoui
Je crie, je me meurs et te prie,
Que tu deviennes mienne, mais affranchie.

Petit soupçon d'un amer mépris,
Dans un ton d'une aristocratie,
Comme si j'étais un ahuri,
Un être dénué de fantaisie.

Je t'aime pourtant à la folie,
Caché, dans une grande ombre, à l'abri,
Sûrement le mot qui se multiplie
Au meilleur du fol esprit.

Je n'ai qu'à dévoiler la folie qui me hante,
Je suis grand ennemi de celles qui se vantent,
Je vais empoisonner tout ce qui vous entoure,
Pourvu qu'il ne t'aie vu, ne sera d'aucun secours.

Je vais imploser et, par vous, me retrancher,
Je ne puis me fermer, je ne puis me cacher,
Une explosion du mur tranchant ma vérité
Qui vous a séparé de ma réalité.

Vous croyez bêtement que je me laisse faire,
Comme un pauvre animal trop pris pour se défaire,
Pris par pitié, au fond, il n'était pas méchant,
Je ne parierai pas sur l'ancien, meurtrier temps.

La vie ne m'avait prévenu de ce destin ;
Qu'elle serait mise en travers de mon chemin,
Un futur si traumatisant, si éclatant.
Nous l'aimons d'un amour passionnément ardent

La folie amoureuse se tient dans mes yeux
Nuage pesant, laissant rêver tout heureux
Bon ;
Cesse de jouer,
D'encor' ressasser
De folles pensées
Pour l'éternité.

Un homme sensible, doux et attentionné ;
Traîtresse, cruelle, malfaisante, damnée ?
Non.
Seulement un mort,
Revenant toujours,
Un si maigre espoir,
Venant de nulle part.

L'Enterré, ne pourra renaître de ses cendres.
L'envie de me pendre commence à m'emporter ;
Mes organes, mon corps, mon âme sont touchés,
La main ballante, le souffle court du décès.

Je fus comme arrêté,
Mon cœur s'endormait,
J'étais posé au lit dérangé,
Et la mort m'attendait.

J'avais vécu tant d'années,
Tant d'histoires oubliées,
Et maintenant que tout s'arrêtait,
Je ne fus point trop attristé.

Mon cœur vacillant,
Mes larmes me coulant,
Je fonds de haine et d'amour,
Et je m'échine, comme toujours.

Mon cœur battant,
Mais affaibli, déclinant
Un tout dernier message bien lourd.
Allez bien au diable, à toute ma cour.

Rends-toi compte, d'à quel point je t'aime
Que je n'ai pu supporter ton départ
Et que plus rien n'existe en ces temps
Où tout est desséché, mort ou mourant
Me voilà comme tous les autres
Épuisé par ces temps si sombres,
Profond mal-être, profonde dépression,
Gisant à même le sol en espérant
Voir un espoir s'élever à nouveau.

Je vous supplie de ce qui reste de mon âme,
Aidez-moi à panser toutes ces cicatrices,
Ces blessures qui me torturent matin et soir.
Donnez-moi une chance de pouvoir
Courir, marcher ou simplement ramper.

Je fuis sans cesse ce que je suis
Je ne peux vivre en me regardant,
Maintenant que j'ai donné corps et âme
Pour nourrir l'amour du désespoir.

Ma Psyché, combien de temps vais-je devoir souffrir ?
Mon âme meurtrie, est condamnée à périr
Malédiction et torture qui s'acharnent sur moi,
Tel est le destin qui ne me quittera pas

Un destin qui ne présentera aucune pitié pour nous
Malgré cette carapace qui s'est sculptée,
Autour de ce mental mutilé par de multiples années
Comment pourrai-je finir cette vie, debout ?

Pourquoi continuer à espérer
Si tous les espoirs sensés se sont envolés ?
Une prison sans aucun moyen pour fuir
Une plaie si profonde, retardée du pire.

Mon frère, mes sœurs, ma famille, mes amis,
Ayez en tête, que l'amour tue un esprit
Troublant chaque circuit, qui le maintient en vie
Permettant au mien, d'avoir un cœur endormi

Ma vie n'a été que tourments, drames, peurs, et,
Malgré cela, je n'ai jamais abandonné
Que le monde pardonne mes erreurs passées
Tant j'ai causé, torts, déceptions et cruauté

Plus de peur que de mal, vous voici soulagés
La femme que j'admire est bien loin maintenant
Un noble sort m'attend

Si ma mort est une preuve qu'un cœur aimant,
Ne peut vivre sans celle qu'il désire tant
Alors, finissons-en.

Petit imparfait, 26 octobre 2021

II
Sentiments d'un soir

Toi,
Et moi,
L'univers,
À son travers,
Une valse au temps,
Sur la courbe du vent,
Les doigts liés par la chaleur,
D'un corps qui m'efface à la peur,
La souffrance bientôt sur ta bouche,
Le baiser traverse un monde farouche,
Où la mort est sur tes pieds au moindre signe,
Dans la vie médiocre, à oublier par la vigne.

J'aimerai,
T'emprunter,
Ton temps, une journée.

Un jour, une minute,
Où tu ne seras pas prise,
Des infâmes disputes
Mon être, tu l'attises

L'amour me rend heureux
Tant qu'il t'est destiné
Je ne peux rêver mieux :
Ton sang qui me connaît.

Rapproche-toi de moi,
Ton corps contre le mien,
Sa délicieuse voix,
Souffle court qu'est le sien.

Des petits mots fragiles
Pour un cœur enflammé,
La parole agile,
L'ardeur de ces actes et,

Le petit mot « je t'aime »,
Une gemme,
Un poème.

Une marche de pierre,
Et un vent sanguinaire,
Se donnant dans ses cheveux reluisants.

Beau couple étincelant,
Marchant selon les âges,
Dans une foule plus qu'agglutinée.

Dans ses airs affolés,
Cet angélique ouvrage,
Je me plonge dans ses yeux débonnaires.

Fin quartier populaire,
Raffiné, mais futile,
Aux louanges de cet homme si tranquille.

Longue rivière d'or, traversant son corps
Rayonnant, comme un beau Soleil d'été
Que l'on aurait enfermé, dans l'espoir,
Que lumière et chaleur ne cessent de perdurer
Cascade naturelle s'abattant à n'en plus voir
Caché par tant d'arbres, tant d'êtres prosaïques
Une singularité qui ne peut déplaire
Sublime et petite Voie Lactée dans notre Univers
Naît d'une origine sans doute mystique
Beauté que l'on qualifierait de merveille
Un spectacle nul autre pareil.

Joue-toi de moi, joue-toi mon admiration
Aucun de mes battements,
Ne vivra d'amour et passion.
Comprends, simplement,
Que rares sont les moments où,
Un cœur rougit sans donner à bout
De bras, un amour passionnel.

Du moins, elle se contraint,
À la plus belle des différences,
Enfin, elle parvint,
À suivre son chemin de sens.

Une passionnée de livres,
D'écriture et du style classique.
Elle se délivre,
De son poids si magnifique.

Si attachant, effréné,
Sensible au plus doux de ses aspects,
N'est qu'elle, bien-aimée,
Son être, qui n'est que beauté.

Et si par mégarde,
Vous croisiez votre délicieux miroir,
Heurtant doucement,
Une vie dérisoire et monotone.

Je fus comme vous,
Sans même un trait typique apparent,
Elle se révèle ;
Un tel choc m'a fait me paralyser.

Elle m'impressionne,
Soulève une nature calcinée,
Trop bien amorcé,
Prodigieux aux millions de degrés.

Dans mon univers,
Déchiré par mille et mille destins,
Je me l'imagine,
Et dans mes rêves, j'entends un appel.

Serais-je fou ?
Aurais-je mal compris la perfection ?
Paisible douceur,
Mon monde me sert d'unique merveille.

Elle est ma nature,
L'antre d'un cerveau malade et violent,
Qui, par sagesse,
Me caresse près de la cheminée.

Quel beau changement,
Que de voir un rien se changer en tout ;
Mon hésitation,
Fût de douter d'un si bel avenir.

Permettez de dire,
Son âme balafrée est munie d'arts,
Alors venez osez
M'ennuyer, elle m'est comme déesse.

Je fus saoulé au vide,
Pour douter de ce qui vient de céder,
Je reprends bon goût,
Du jeu et d'un désir sans lendemain.

Dans les douces affres
Que je ressens dans un emballement,
Défiant les limites
D'un corps qui ne pourra supporter plus.

Tu sais, mais je cache,
Je t'aime, mon miroir, mais ne le dis;
Ton cœur que je lorgne,
Désir d'une force ainsi déformée.

J'aimerais tant plaire
À ta délicieuse et indescriptible,
Sublime, divine
Grâce ; j'en suis devenu dépendant.

Je n'ai nulle part,
Dans ma forêt si puissante et mouvante,
Où me préserver,
Sauf en ta galerie de perfections.

Silence ! C'est elle ! Je l'entends !

Une silhouette sort de l'obscurité
Ses cheveux noirs, luisants et ballants,
Une marche athlétique, et l'humeur enjouée

Un bonheur sans fin d'être avec elle
À l'encadré de la porte, tant de gaieté
Faisant de l'ombre à la demoiselle
La salle aux regards arrêtés et hébétés

Même, du fond de notre Univers,
Une bonne vue ne la manquera jamais
Petit point lumineux, conduit vers
Une fixation pour cette chose cachée

Une seule vie, pour ne pas fuir
Cette divine femme avec ses yeux perçants
Dans la nuit décente ; Veste en cuir ;
Un masque noir cachant un sourire éclatant

Tout en regardant vers les grands cieux
Enroulant ses doigts dans ses petites bouclettes
L'attente, de son temps si précieux
Paroles envoûtantes pour ce jeune poète.

Las, par surprise, soudainement,
La cloche bourdonne, haute voix méprisable
Fin du supplice, jour épuisant
L'ombre part, la solitude rend misérable.

C'est un lien qui se prise,
Mais ne se méprise.
Qui s'honore, s'économise,
Se conserve et se naturalise.
Pourquoi avais-je du mal à supporter,
Quand le monde était à ses pieds ?
J'avais profondément envie,
Qu'elle ne soit plus qu'un demi,
Qu'elle ne soit plus que teintée,
Que je puisse uniquement la désirer.
Nous savons que les mois anéantis,
Détourne et retourne les regards démunis.
Désireux de ne plus jamais la quitter,
Après, tel un sot, m'en être passé.

Je t'ai aimée, dès la première lueur du jour,
Une source de lumière s'élevait autour
D'une chambre où s'endort un paisible, et doux sommeil
Qui embrase la comparaison d'elle au Soleil.

La folie de ses yeux délicats qui me regarde,
Le ciel qui porte des nuages à son effigie,
Sur le lit de celle qui me porte compagnie
Où je serai de mon corps, son ange qui la garde

Ou, si, par miracle, la vie, dehors, est déchue,
Nous serions seuls dans cette petite pièce marquée,
Au large d'une civilisation effondrée,
Et son maître immortel qui ne peut qu'être déçu.

Un espoir puissant, au-delà de l'imaginaire,
Ces draps, qui couvrent ton fabuleux corps, ne seront
Utiles, si notre souffrance, l'agitation
Et le désespoir se sont effacés dans les airs.

Le bonheur traverse mon fragile esprit guérit
La plénitude dans la mort, comme dans la vie
Je souhaiterais qu'il n'y ait plus aucune menace,
Pour qu'il ne reste qu'elle et mon âme ayant leur place.

Trois mois après un semblant de vie,
Ce petit espoir revient au fond de mon esprit.
Les heures tardives d'une profonde insomnie,
Poussent au sommeil un cœur endormi.

Cette âme vint à ma porte,
Le soir, ou le jour, interminable,
Cette âme vint à la porte,
Rejetant un doute d'incapable.

Deux ans sous le plancher d'une maison abandonnée
À rêver des possibilités
Et, les autres, s'en plaignent, désespérés,
Si le tout n'est point fait.

Descends de ton nuage, du ciel et de ta terre,
La vie t'attend au-delà des frontières
Pourquoi tant manquer de temps,
Pour se séparer finalement ?

Laisse tes désirs prendre ta place,
La masse de personnes te blesse,
Ne croyant en tes rêves qui sont les miens,
En vain, la vie aux malheurs qui le veut.

La souffrance de mes émotions,
Ne saurait en déteindre sur mes actions.
La fureur d'un regard glacé,
Pour ceux qui osent, défier l'être aimé.

Un temps, sous la pluie,
Vagues occupations,
Sa petite douce qui vit,
Caresse l'espoir d'une pure évasion.
Son chemin alla aux différents pays,
Menant aux diverses réflexions ;
Elle attendit que le soleil soit parti,
Pour s'installer dans son petit sillon
Qui lui sert, l'après-midi, de petit lit.
Elle rêvait de nature, de papillons,
Cauchemardé de guerre et de maladie ;
Je ne puis que l'observer dans son pavillon,
Exécutant une liberté précieuse, sa liberté de vie.

Doux dans la rosée du matin,
Je suis effacé, atteint ;
Mais je suis plus fort que tout,
Sans être plus haut que nous.
Je t'entraîne à la paresse,
Pleure si je te blesse
Et t'accable de caresses.
Je grandis quand je suis consumé,
Solidifié quand je suis aimé,
Je suis fou sans rien exiger,
Tué au temps inéprouvé.
Je travaille, sans donner de compte,
T'amènerai au plus loin des contes,
De ton cœur, je serai apparu
Et de ton amour... je fus élu.

Au lever de la sixième heure,
Je n'eus qu'à observer les douceurs
Qui s'offraient à moi.

Elle ouvrait ses yeux délicats,
Toute fatigue avait disparu
Après ces dix dernières heures.

Et dès la première pensée,
Elle n'avait que faire du reste ;
J'étais son monde.

Elle posa ses mains autour de ma taille,
Je fus attiré par le centre de mon Univers,
Je ne reviendrai plus jamais.

Les horloges fulminaient,
La Terre tournait,
Mon cœur vacillait.

Le jour, elle était ma chaleur,
Ma force, mes envies, mes passions,
Peut-être même ma raison de vivre.

Le soir, elle était mon sommeil,
Ma constellation, celle de la liberté,
Peut-être même celle de mon amour profond.

Un cerveau dans les livres, le cœur dans les nuages,
Il m'arriva parfois de rêver de poèmes.

Je m'installais au fond, dans mon petit espace,
Ne faisais qu'accomplir mon rêve si profond

Le silence élégant, aux plus belles harmonies,
La nouvelle évasion, notre tranquillité.

Il me vint des choses si indescriptibles ;
Un amour dans mon cœur, des sentiments rêvés.

Le sommeil m'emporte, le baiser amoureux
Imaginé, encore, à jamais et sans fin.

Faible intensité,
Pour ma lampe de chevet,
Je suis plongé dans mes pensées,
En fixant le mur à côté.

Je suis partiellement défiguré,
Miroir, reflète mon passé,
Ruine-toi à mon infirmité,
Égorge mon sentier.

Je suis complètement taré,
Je vais tout m'accaparer,
Comme on m'avait tout ôté,
Avec vos manies d'abandonner.

Il m'arrive maintenant de casser
La baie qui me séparait,
Du reste de ce que j'imaginais,
Et mon sourire talé.

Sorti enfin du brasier,
Plus vraiment d'acidité,
Juste mon animosité,
Animée à ma clarté.

Vous ne retiendrez
Pas un homme dépouillé,
Une guerre est amorcée,
Perdue, mais obligée.

Pourtant, j'aimais,
Sa vertu abandonnée,
Au frais, ses joies félicitées,
Son corps ménagé, arrêt émacié.

Personne ne pense à voir sans yeux
Et penser sans cerveau.
Aimer sans cœur,
Dénigrer sans émotion.
J'écris sans mots et pleure sans larmes.
J'éprouve sans ressentir et pourtant,
Je peux affirmer un amour profond.
Alors que, même avec tous les malheurs,
Je suis sûr de t'aimer,
Avant de savoir respirer.

Sombre histoire,
Profond désespoir,
Femme admirée,
Fin d'une vie enflammée.

Quels êtres ont pu faire une chose pareille ?
À un ange comparé à une de ces merveilles
Qui n'existe que dans les rêves, de ceux qui y croient.
À travers les millénaires et les civilisations,
Celle que l'on prie quelquefois,
Déesse toute puissante qui ne peut mourir,
Beauté de la nature que nous vénérons,
On ne peut lui parler qu'avec une lyre,
Instrument majestueux tout comme sa personne.
Ma sœur, ma Déesse, mon Bonheur qui rayonne
M'a touché en plein cœur, de son âme si pure

Odieux personnage que voilà,
Être vivant, venu d'en bas,
Qui aurait pensé à une trahison de cette envergure ?

Voulez-vous lui enlever de sa splendeur ?
Ah ! Quelle drôle d'idée !
N'oubliez jamais que la mort est toujours à côté !
Souffrance, torture et peur,
Vengeant sa douce et belle fleur,
Démon enflammé, prêt à tout pour la protéger.

Un homme existait, joyeux et vaillant,
Pour rendre heureux, les plus malheureux.

Un jour, il sonna aux portes, dépressif et rampant
Amis, ou malheureux, égoïstes et paresseux,
Avaient retiré leur masque pour l'occasion,
Claquant la porte, sans même un pardon,
De vrais visages que l'on voyait là,
Êtres cyniques que l'on qualifie de traîtres.
Désespoir, les gens d'à côté disaient tout bas,
« Être ne signifie pas paraître ».
Dépression, seul, sans personne ;
Sourire, pour les autres, ne rien montrer ;
La solitude avait gagné ce brave homme
Qui ne cessait, de soutenir et d'aider

Il revint quelques temps plus tard,
Lorsque dépression et désespoir avaient fui,
S'avança vers l'un des traîtres et lui lança un regard,
Noir, même meurtrier, croisa son regard, puis,
L'autre revêtit son masque, voulant le tromper,
Une nouvelle fois. L'humain apprend de ses erreurs.
L'homme, ôta le masque de l'individu, et,
Montra au monde ses actes d'une impitoyable horreur,
Se retourna et partit ; perdre son temps à vouloir le tuer,
Aurait été digne de lui, et non de soi.

C'est un immense pardon que j'ose prononcer,
Après tant d'efforts pour tout oublier.
Je fus un impitoyable battant, aveugle, pourtant,
Rien de tout cela ne put être un désir.
Mon année fût-ce qu'elle est,
Ses joies et précipices,
Le gouffre de mon paradis
Si intense, si vide.
Dans un monde, je suis un anti,
Je détruis, tue et fais ravage
Et ton cœur supplie ma cruauté.
Enfin je t'aime, ne le vois-tu pas ?
Par mes poèmes et mon cœur noir,
Mes désirs et ma folie te prennent.
J'aime de façon bien particulière,
Mon corps, mon sourire ne t'approchent pas,
Par bon sens et timidité démesurée.

C'est tout... à peu près tout !
Je ne puis rajouter, à part mon pardon.
Ce fut, au fond, la plus belle des leçons,
Me voilà bien garni, merci.

Ma douce joie, précurseur de mon monde,
Je suis fou de ta timidité,
Fou de ce que tu es,
Dément de ce cercle qui gronde.
Je t'ai aimée avant la naissance du Foudre,
Admirée avant d'être accessible.
Comment cela est-il possible ?
Seul le destin peut découdre
Tout le reste de l'Univers,
Et il se trouve justement,
Que je suis né accidentellement,
Pour que tu puisses me plaire.
Désire-moi comme si,
Je n'avais de lendemain,
Que mon sort devient inhumain,
Et que mon âme s'adoucit.

Petit imparfait, 26 octobre 2022

« Je vis les êtres par la pensée, ils existent et ils meurent, pour une période que je leur ai donnée. Toutefois, si j'y arrive avec la plus singulière des choses, qu'en sera-t-il d'une simple vie ? »

Remer... :

.

..

...

Quand nous nous attachons au temps qui
s'envole et s'éternise,
Qu'un amour se crispe et nous empoisonne
jusqu'à la crise,

Nous désirons que débute la fin d'une obsession
Et nous satisfaire d'un sourire sans la moindre
possession.

Il faut apprendre le désespoir en un instant,
Nous soumettre à un désir blessant,

A.A

Mourir, sans trop le montrer,
Pour rester vivants, et ne pas être éloignés.

Peu importe si, pour une, ma souffrance n'a de sens,
Ou si je deviens fou, tant que son époux reste
et se dévoue.

Même si cela est loin d'être une première fois,
Je doute d'être gâté pour ma résistance aux
abois.

Alors, soyons le plus simple et clair possible,
Pour que même la plus absente des humaines soit
au courant,

L.G

Tout comme je t'ai aimée il y a dix ans de cela. Je t'aime et y pense trop souvent.
Ton souvenir hante mes nuits, mes jours, mes pensées et le surcharge jusqu'à l'impossible.

J.F

Comme le cycle de l'eau, tu m'es infinie.
Un unique regard pour toi, divine, tombante dans
un cœur, m'alimentant en énergie.

A.T

Et quand cette même femme d'une beauté extrême,
Se met à douter d'elle-même ;

F.L

Elle dévoile une écritoire bondée de pensées,
de morts et de famine
Creusée, délicieuse dans la forme, mais
sacrifiée. Imagine,

Tu te perds dans l'hallucination d'un moment
si merveilleux,
Tu désires, brûles d'envie, rêves d'un devenir
bien trop neigeux.

Je souhaite te souffler le désir de liberté,
te chérir comme cela n'a jamais été fait ;
D'être le voyage le plus mémorable et indéfini
de la future mariée,

M.M

Et faire d'un traumatisme un passé au sens
bien trouble,
Qui résulte seulement de la folie qui redouble...

A.C

Fol... Folie... folie... FoLiE... folie... FOLIE!!!
QUEL EST DONC CE DÉMON QUE JE
SUPPLIE??!!

H

Il me déroute à chaque moment de ma vie,
Lorsque l'univers me donne un peu de son ataraxie.

J'ai l'envie de repousser les limites d'une imagination débordante, pour...
Je ne sais pas, sentir, vivre, découvrir la beauté d'un être qui m'ensorcelle sans possibilité de détour.

A.L

Enfin, ne te doutes-tu pas que je puisse souffrir de tant de malheurs, après tout ce que tu me fais endurer ?
Si tu me pousses sans cesse à mettre fin à ce que je suis et désire donner.

M.D

Tant d'histoires furent mises à terre
simplement par la trahison, la souffrance ou
l'enfermement,
Mais c'est ce qui donne, sans aucun doute, un
espoir qui ne cessera jamais de briller.

C.C

Et malgré un amour sans condition, effrayant
pour les autres simplets,
Je serai seul dès lors que la distance se créera
et que mon âme s'imposera faiblement.

Il est vrai, je rêve et pense pendant des jours
et des mois, sans jamais m'en lasser,
Avec une imagination débordante et des plus
grands rêves que je puisse créer,

N.P

Je trouve ce petit quelque chose que les autres n'ont pas,
Pour soulever ton unicité dont l'esprit me bouscula.

Je trouve, en cette sublime après-midi, un ciel
absolument rayonnant
Se déplaçant au rythme du hasard, de l'envie
et du désir. Aussi fascinant

E.Q

Que singulier, ce bleu rappelle un souvenir
d'enfance bien caché,
Car, comme un ange, elle est restée,
et poursuit aujourd'hui, sans jamais
m'abandonner.

L.M

Sans un mot, ni prévention, mal exprimé ou
mal compris,
La vie offre parfois une soumission, dans
toute son ignominie.

M.I

Le temps lui offre ses services et entrouvre la porte aux malheurs,
Pour que même un premier rendez-vous soit sujet au déshonneur.

T

C'est ainsi que fonctionnent la haine et la destruction,
Comment ne pas punir un être qui se permet
simplement des interactions ?

M.P

Quelle tristesse, quel désarroi, quel ennui
D'avoir à se venger d'une ancienne amie !

Comment aussi ne pas aimer les amitiés
qui n'ont de fin,
Qui n'ont ni sens, ni même de but, mais qui
ne s'arrêteront jamais.

E.M

Celles, ou même celle, qui te porteront un
bonheur divin,
Un bonheur concret.

Remerciements

Je souhaite adresser de grands remerciements à de sublimes personnes.

À Elisa, une illustratrice et graphiste bordelaise qui a su, de ses aptitudes vraiment singulières, faire une illustration très touchante.

À Chupi/Chupi.draw, une amie et illustratrice suscitant la dernière émotion de ce livre avec un fabuleux dessin.

Et enfin, à mon frère John Breedveld qui a pu apporter une belle saveur à ce livre avec sa préface.